SANCTVS PATER

BENEDICTVS

DE HÆRESI TRIVMPHANS

IN NOVA TRANSLATIONE
RELIQVIARVM,

APVD FLORIACVM,
in Capsam Argenteam.

EPINICIVM.

ILLVXIT *veneranda dies, longiſ-*
que cupita
Francigenûm votis , quâ Templi
auguſta triumphans
Gemmato BENEDICTE *ſubis penetralia curru,*
Et domita HÆRESEOS *victor teris axe ceraſtas.*

A

OEVVRES
SPIRITVELLES.
M. DC. XXXVI.

Composées par Le Reuerend pere
Thomas Basin Aumonier et
praedicateur de la Reine

(27.)

OEVVRES
SPIRITVELLES.

PARAPHRASE SVR LE PSEAVME
CXV. du Prophete Royal.

I.

RAND Dieu iufqu'à prefent i'auois
cette creance,
Que ton iufte courroux m'auoit trop
abbaiſſé,
Parlant de ma difgrace en mon impatience,
Ie me plaignois à tort de me voir delaiſſé.

r.
Credidi
propter
quod locu-
tus ſum.ego
autenr hu-
miliatus ſũ
nimis.

II.

Ie dis en cet excez, l'homme n'eſt que m'enſonge,
La pompe de la Cour n'eſt rien que vanité,
Le plaiſir des mõdains ne nous flatte qu'en ſõge,
Et leur peine nous trouble auecque verité.

II.
Ego dixi in
exceſſu
meo : omnis
homo men-
dax.

III.

Quelles graces, Seigneur , te puiſie iamais
rendre

III.
Quid re-
tribuam
Domino?

Qui ne ſoient au deſſous de tes rares bien-fais?
Helas qui t'obligeoit d'aymer vn peu de cendre,
Qui n'a pour te ſeruir que de foibles eſſais?

IV.

pro omni-
bus quæ re-
tribuit mihi?

En échange auiourd'huy ie prēdray ton Calice,
Inuoquant ton ſainct Nom i'embraſſeray ta Croix,
Ie purgeray mon cœur de toute ſa malice,
Afin de le ſoumettre à tes diuines Loix.

V.

IV.
Calicem
ſalutaris ac-
cipiam &
nomen Do-
mini inuo-
cabo.

Ie te rēdray mes vœux d'vne voix amoureuſe,
Ton peuple approuuera de ſi iuſtes deſſains,
Pour mourir d'vne mort qui t'eſt ſi precieuſe
I'égalleray ma vie à celle de tes Sains.

VI.

V.
Vota mea
Dño reddã
coram omni
populo eius:
pretioſa in
conſpectu
mors San-
ctorũ eius.

Ie m'y trouue obligé d'autant que ie me vante
D'eſtre ton ſeruiteur par deux tiltres puiſſans,
Et le fils adoptif de ton humble ſeruante,
Par la vocation qui captiue mes ſans.

VII.

VI.
O Domine
quia ego
ſeruus tuus:
ego ſeruus
tuus & filius
ancillæ tuæ.

Reçoy mon ſacrifice, accepte mes loüanges,
Car puiſque ton amour a briſé tous mes fers,
Ie ioindray mes accords aux Cantiques des Anges,
Pour inuoquer le Nom du maiſtre que ie ſers.

VIII.

VII.
Dirupiſti
vincula mea
tibi ſacrifi-
cabo hoſtiã
laudis: &
nomen Do-
mini inuo-
cabo.

VIII.

Je luy rendray mes vœux au milieu de l'Eglise
Au paruis de l'Autel, dans sa saincte maison;
Tout son peuple tesmoin d'vne telle entreprise
Dira qu'elle est concluë auecque la raison.

VIII.
Vota mea
Dño reddã
in conspectu
omnis popu-
li eius: in a-
triis domus
Dñi in me-
dio tui Ie-
rusalem.

SVR LA NAISSANCE
de Iesus-Christ.

STANCES.

VEL admirable changement!
Celuy qui lance le tonnerre
Semble laisser le Firmament,
Pour estre habitant de la terre:
Cependant qu'vn homme mortel
Enyuré d'honneur & de ioye,
Se mire dans le brocatel,
Et se promeine sur la soye;
Vn Dieu se fait Enfant, quitte l'Eternité,
Pour vaincre cet orgueil par son humilité.

Vn homme separé du rien
Par vn mur de fange & de bouë,
De qui le mal-heur & le bien
Sont suies au tour d'vne rouë;
Vn estre inconstant & leger

baigné
Se noye parmy les delices,
Pille le bien de l'Estranger,
Reçoit de prophanes seruices,
Et comme s'il estoit le souuerain des Dieux,
Il gourmande la terre, & mesprise les Cieux.

Vn Dieu par vn contraire effort
Choisit vn estat lamentable,
Qui le rend soumis à la mort,
Et pauure au milieu d'vne estable;
Là parmy la paille & le foin,
Sa gloire indignement couchée
Void-qu'à son extreme besoin
L'assistance est en vain cherchée,
Et desia le grand froid l'auroit presque estouffé,
Si les bestes du lieu ne l'auoient eschauffé.

Quoy mortels vn cas si nouueau
Ne vous donne-t'il point d'enuie
D'aller aux pieds de ce berceau
Rendre vos vœux & vostre vie?
Ce petit Enfant tend la main,
Au trauers de ses petits langes,
Et demande vn secours humain
Qu'il prefere à celuy des Anges:
O Dieu mon cœur se fend quand ie le voy pleurer,
Et ie le voudrois plaindre, au lieu de l'adorer.

SVR LA FESTE DV S.
Sacrement.

STANCES.

N inuite auiourd'huy nos ames
Au sacré banquet de l'Espous,
Qui se voudroit vnir à nous,
Par vn secret tout plein de flammes;
Certes les mets delicieux
Et le breuuage precieux
Rendent le festin magnifique;
Hé qui vid iamais rien de tel,
Qu'vn Dieu donne son Fils vnique,
Pour nourrir de soy-mème vn ouurage mortel!

Est-ce vn effet de sa puissance,
Ou bien vn traict de son amour,
Qui nous propose en ce sainct iour
Ce miracle d'obeissance?
Aussi-tost qu'il est appelé,
Aussi-tost qu'vn Prestre a parlé
Ce Dieu descend du Ciel en terre,
Se vient raccourcir sous vn pain,
Et se r'enfermer dans vn verre,
Tandis que l'Uniuers tremble dessous sa main.

O *Manne auguste & delectable!*
Qui ne te voudroit receuoir,
Puisque l'amour & le pouuoir
Dressent à l'enuy cette table?
Que cet amour est inuentif!
Que ce pouuoir est effectif
En cette sainte tromperie!
Les sens y souffrent des combas,
Et la prendroient pour resuerie
Si la foy ne monstroit ce qu'ils ne sentent pas.

O D E.

SVR LA VOCATION
à la vie Religieuse.

AINTE retraitte du silence,
Tu me retiens vne autre fois
Soumis à tes Diuines Lois,
Par vne douce violence:
Temple de la felicité
Ton Cloistre a tant de liberté,
Et ta retraitte a tant de ioye,
Qu'elle fait adorer l'effort
Qui par vne secrette voye
Nous tire du naufrage, & conduit sur ton port.

Ie

Ie panchois sur mon precipice
Charmé des plaisirs de la Cour,
Quand ce Dieu né pour nostre amour
Commença de m'estre propice;
Vn de ses rayons eternels
Remplit tous mes sens criminels
D'vne lumiere si profonde,
Que i'ouuris aussi-tost les yeux
Pour voir la vanité du monde,
Et suiure le chemin qui nous rauit aux Cieux.

Mais des esperances trop vaines
De m'auancer auprés du Roy,
Me separoient alors de moy
Auec quelque sorte de peines:
L'ignorance de l'auenir
Ne cessoit de m'entretenir
Des rigueurs de la penitance,
Et les obiets du bien presant
Pour m'obliger à l'inconstance
Prouuoient que le fardeau me seroit trop pesant.

Ie fus enuiron deux années
Saisy d'vne si folle erreur
Que ie n'auois iamais d'horreur
De la perte de mes iournees;
Le vin, le theatre, & le ieu,
Me retenoient tousiours vn peu

Par des amorces inuisibles,
Et quoy que le Ciel me fit voir
Ces passe-temps assez nuisibles,
Ie ne les recherchois que pour m'y deceuoir.

Enfin vne toute-puissance
M'inspira de venir vn iour
En cet agreable seiour
Qui m'engage à l'obeïssance;
Les Anges m'en seront témoins
Que i'y songeois alors le moins
Quand ie fus pressé de me rendre,
O Dieu que vos trais sont vainqueurs
Et quand vostre amour nous veut prendre
Qu'il sçait de beaux secres pour attirer nos cueurs!

VIERGE asyle du miserable
Ie doy cette insigne faueur
Et le succés de ma feruenr
A vostre bonté fauorable,
Vous m'aués prété vostre main
Par vn sentiment plus qu'humain,
Et montré les soins d'vne mere,
Qui pousse ses derniers efforts,
Pour fléchir le Iuge seuere
Prét à punir son Fils coupable de cent morts.

Infame Prince des tenebres

Tu pers ton temps à me tenter
Ma MERE s'offre à m'assister
Parmy tes entretiens funebres :
Sa presence a tant de credit
Qu'elle te peut rendre interdit,
Et faire tout à ton dommage,
Malgré toy ie suis asseuré
De luy rendre tousiours hommage,
En conseruant ce bien qu'elle m'a procuré.

On sçait que ta rage ennemie
Tasche d'amortir ma vigueur
Par vne fatale langueur
Où mon ame est presque endormie,
Mais ie me ris de tes dessains,
Car des iugemens assez sains
Qui gouuernent ma conscience
M'ont heureusement protesté,
Qu'ils ont fait cette experience
Que tu traittes ainsi tous ceux qui t'ont quitté.

Reprenons donc meilleur courage,
Il ne reste qu'vn peu de fiel
Qu'il faut boire en faueur du Ciel
Qui calmera tout cet orage ;
Souffrons encor sans murmurer
On ne peut assez endurer,
Pour acquerir vne Couronne,

Purgeons-nous de tous nos deffaux,
Et puisque IESVS nous l'ordonne
Tirons nostre bon-heur du milieu de nos maux.

Quoy qu'vne legere apparance,
Fasse dire aux foibles espris
Que nous n'aurons iamais le pris
D'vne longue perseuerance ;
Quoy que les sensualitez,
Opposent mille voluptez,
Contre cette noble entreprise,
Pourveu qu'vn si saint mouuement
Ayt vn Dieu qui nous fauorise
La fin sera conforme à son commencement.

Peut-on douter de ses Oracles
Qui ne cessent de m'appeler,
Si i'osois mesme reculer
Ils feroient pour moy des miracles:
Sa puissance ordinairement
Trauaille auantageusement
Sur vne matiere fragile,
Et si tost qu'il a dans sa main
Quelque peu de fange ou d'argile ;
Il en fait vn chef-d'œuure au dessus de l'humain.

Certes quand ce diuin partage
Ne me viendroit point de son chois

Ie ne trouue rien chez les Rois
Qui me donne plus d'auantage;
Lors qu'en foulant les vanitez,
Nous cherchons les austeritez,
Pour vaincre la chair, & le vice
Quoy que nous ne possedions rien,
Nous voyons pour nostre seruice
Les Princes s'empresser à nous faire du bien.

Au lieu de la foule importune
D'vn tas de lâches médisans,
Les Anges sont nos Courtisans,
Le Paradis nostre fortune;
Nous n'y sçaurions iamais mourir
Du soucy de trop acquerir,
Ny de la crainte de la perte,
Puisqu'à nostre premier besoin
L'espargne des Cieux n'est ouuerte
Que pour nous secourir auec beaucoup de soin.

STANCES.

EnVOY si proche du port, dois-ie faire nau-
                  frage,
    Apres que tant de flots m'ont choqué sans
                  danger?
Celle qui me guidoit au plus fort de l'orage
Auroit-elle perdu le soin de me vanger?

Ce premier Ennemy qui fit la guerre à l'homme,
Sous les appas trompeurs d'vn funeste morceau,
Me veut empoisonner du venin de la pomme
Qui tua l'innocence en son premier berceau.

Et vous le souffrirez adorable MARIE?
Montrés-vous bon ne mere à ce fils adoptif:
Opposés à l'Enfer parmy tant de furie
Vn seul trait de ses yeux qui m'ont rendu captif.

Refuge des pecheurs acheués vostre ouurage,
Repaßés-y la main, vous le rendrés parfait:
Et puis qu'vn peu d'espoir me donne encor courage,
Ioignés à mon desir vn glorieux effait.

Le Cloistre à ce qu'on dit a des charges pesantes
Dont mes infirmités me deuroient diuertir:
Mais ie suis asseuré que des mains si puissantes
Ne m'ont pas fait entrer pour m'en faire sortir.

Ie n'y suis éclairé que de voſtre lumiere,
Si vous la retirés rien ne me peut ſauuer,
Et ie ne tiendray pas la faueur toute entiere
Si ce bon-heur acquis ne ſe peut conſeruer.

Vous tenés ſous la clef les threſors de la grace,
Soyés pour quelque temps prodigue en mòn endroit :
Et ne permettés pas que la feſte * ſe paſſe
Sans que voſtre credit m'obtienne vn ſi beau droit.

Ie ne le puis nier le priuilege eſt rare
De s'engagerà Dieu par vn vœu ſolemnel :
Mais voſtre bien-Aymé pourroit-il eſtre auare
Au point de voſtre entrée au ſeiour eternel ?

Tout depend donc de vous, l'affaire eſt balancée,
Vous pouués m'ordonner la vie ou le treſpas :
Mais ne vous plaignez plus de vous voir delaiſsée
Si vous m'y contraignés en ne m'aſsiſtant pas.

Helas en quel diſcours la paſsion m'emporte,
Dans les empreſſements d'vn deſir innocent ?
Oſay-ie impudemment frapper à voſtre porte
Pour demander vn bien, meſme en vous menaçant.

Non, non, quand ie verrois mon ame abãdonnée,
Bien qu'vn Arreſt du Ciel m'euſt ſoumis à la mort,
Ie garderois la foy que ie vous ay donnée,
Elle ſera touſiours maiſtreſſe de mon ſort.

* l'Aſſomp-
ption.

Soit qu'vn iuste decret m'éloigne de la riue
Soit que i'esprouue en fin vn traictement plus doux,
Soit que vous me chassiés, ou soit que ie vous suiue
Ie me veus oublier pour ne songer qu'à vous.

MARIE, ha que ce mot est cher à ma pensée!
Qu'il est doux à ma bouche, & plaisant à mon cueur?
Si tost qu'il se presente à ma gloire passée
Elle n'oppose rien dont ie ne sou vainqueur.

Satan forge tousiours de nouuelles allarmes
Pour r'appeler mes sens aux plaisirs que i'auois,
Mais ie trouue en ce Nom d'assés puissantes armes
Pour les fouler aux pieds si ie les retrouuois.

En tout tëps, en tous lieux, en tout àge, en toute heure,
Parmy l'aduersité, dans la prosperité,
En toute occasion, soit qu'on viue ou qu'on meure,
Que ce Nom est charmant à qui l'a bien gousté.

Si le Nom me rauit que feroit la personne
Si i'auois le bon heur de la voir quelque iour?
Esblouy de l'esclat qui brille en sa Couronne,
Ie tressaillerois d'ayse & pasmerois d'amour.

La grace de son port, l'air de son beau visage,
Me feroient mépriser tant de vaines beautés,
Qui n'ayant que le fard & le plastre en vsage
Masquent leur puanteur de mille salletés.

Et si i'osois leuer son manteau tout de flamme
Ie m'y voudrois cacher en quelque petit coing,
Où parmy les transports qui saisiroient mon ame,
Ie passerois mes iours sans tristesse & sans soing.

Mais le Ciel l'ayme trop pour la rendre à la terre,
Depuis l'heureux moment qu'il l'a receust chés soy,
Et ie n'y puis monter si ie ne fay la guerre
A tant de passions qui me donnent la loy.

Helas que i'ay souffert parmy leur violence!
Que leurs assaults sont vifs, & leurs efforts puissans!
Ne sçaurois-ie dompter vne telle insolence,
Qui soumet ma raison au pouuoir de mes sans?

Ie les dois surmonter par vn nouueau courage,
Leur force ne prouient que de ma lascheté,
Vn peu de resistance opposée à leur rage
Me rendra la victoire auec la liberté.

En suitte le triomphe auancera ma gloire
Pour donner plus de honte à tous mes ennemis:
I'iray voir la beauté que la foy me fait croire,
Et recueillir le prix que Dieu m'auoit promis.

Alors libre de soins, & remply d'innocence
I'apprendray les secrets de la Diuinité,
Admirant trois suppots en vne seule essence,
Je m'iray perdre en fin dans ceste Trinité.

E

Auprés de cet esclat de grandeurs eternelles,
Ie pourray contempler la Royne que ie sers,
Et quand i'auray gousté du laict de ses mamelles,
Ie ne songeray plus aux maux que i'ay soufers.

Mais c'est parler en vain si ie ne m'y dispose,
Puis qu'vn si grand bon-heur est soumis à mon choix,
Au trauers de l'espine il faut cueillir la rose,
Et le chemin du Ciel commence par la Croix.

Dieu quelle affliction peut estre assés amere,
Pour l'acquest d'vn plaisir qui surpasse l'humain,
Quand les Cieux s'ouuriront, & que ma BONNE
   MERE
S'approchera de moy pour me prester la main?

Il me semble desia qu'elle estanche mes larmes,
Que son sacré mouchoir en arreste le cours,
Que mon cœur esgaré parmy de si doux charmes,
Se pasme entre ses bras pour y viure tousiours.

Rauy dans ces excés que l'esprit me figure,
I'espere de courir à la perfection,
Le plaisir des mondains me semble vne peinture,
Et leur peine est legere à mon affection.

SVR LA PROFESSION DE CINQ
Religieux, faite le iour de l'Aſſomption de la Vierge.

O D E.

CE iour que le Ciel eſt paré
De ſes plus pompeuſes richeſſes,
Pour dreſſer vn troſne doré
A la plus belle des Princeſſes;
Interpretes des ſainctes Loix,
Anges enuironnés de gloire
Aurés-vous d'aſſés belles voix
Pour parler de noſtre victoire,
Et publier par tout que le monde abatu
N'oſe plus vſurper les drois de la vertu?

Ce traître ennemy des mortels
N'a point oublié d'artifice
Pour me retirer des Autels,
Et me remettre à ſon ſeruice,
De tous coſtés ſes artiſans
Par vne promeſſe importune
Me monſtroient comme aux Courtiſans
Le plus haut lieu de la Fortune;
Ils deuoient quelque iour me faire triomfer,
Mais ils ne m'embraſſoient qu'afin de m'eſtoufer.

Auſsi preuoyant le danger
D'vne ſi douce tromperie,

I'ay recherché de me ranger
Deſſous l'eſtendart de MARIE,
Ie l'ay dit ſolemnellement,
Que ie voüois obeiſſance,
Et rien que la mort ſeulement
Ne m'en peut ôter la puiſſance,
Car depuis que l'amour m'a reduit à ce point,
Toute ma volonté c'eſt de n'en auoir point.

Et pour montrer à ce trompeur
Que ſon inſolence mondaine
Ne me faiſoit pas tant de peur,
Que ie luy donnerois de peine,
Quatre de ſes plus fauoris
Ont pris auecques moy les armes,
Et ſe ſont ſi bien aguerris
Qu'ils ont en fin briſé ſes charmes,
Certes ie ſuis teſmoin que leurs vœux eternels
Ont blâmé comme moy ſes deſſeins criminels.

Aſyle ſacré des humains
VIERGE la plus pure des Meres,
Ce ſont des œuures de vos mains,
Et des effects de vos prieres ;
Auſſi ces cinq Religieux
Rendront par vn acte ſi iuſte ,
Et voſtre nom plus glorieux,
Et voſtre pompe plus auguſte ;
Si bien qu'à leur exemple on verra tous les mois
Quelque nonueau captif ſe ranger ſous vos lois.

F I N.